# MOBILIER

## DE DEUX CHANOINES

ET

BIBLIOTHÈQUE D'UN OFFICIAL DE NEVERS

En 1373 et 1382

PAR

RENÉ DE LESPINASSE

NEVERS,
G. VALLIÈRE,
IMPRIMEUR DE LA SOCIÉTÉ NIVERNAISE
24, Avenue de la Gare.

1898

# MOBILIER

## DE DEUX CHANOINES

ET

BIBLIOTHÈQUE D'UN OFFICIAL DE NEVERS

En 1373 et 1382

PAR

RENÉ DE LESPINASSE

---

NEVERS,
G. VALLIÈRE,
IMPRIMEUR DE LA SOCIÉTÉ NIVERNAISE
24, Avenue de la Gare.
—
1898

# MOBILIER DE DEUX CHANOINES

ET

# BIBLIOTHÈQUE D'UN OFFICIAL DE NEVERS

En 1373 et 1382

---

La cathédrale de Saint-Cyr, de fondation royale, possédait, parmi ses nombreux privilèges, celui de garde, observation et recréance des biens meubles pour tous les membres dépendant du chapitre, c'est-à-dire les chanoines, les sept prêtres qui y étaient joints répondant aujourd'hui aux titulaires et honoraires, les clercs et autres bénéficiers de l'église. Ce droit, d'une grande importance, supprimait au moment du décès l'intervention des officiers provinciaux et évitait à la succession du mort des frais énormes. Ces agents, qu'aucune autorité ne gênait dans leurs actes, prenaient possession de la maison, s'emparaient des meubles, percevaient les revenus, vivaient en un mot à l'entière disposition de la succession, et, comme ils étaient maîtres des délais, ils faisaient durer les choses le plus longtemps possible. A leur départ, la succession ainsi surchargée se réduisait à presque rien.

On comprend dès lors tout l'intérêt pour les chanoines et autres gens d'église à s'affranchir de pareilles déprédations en faisant valoir leur privilège de fondation royale; mais, dans la pratique des choses, il se glissait de nombreux abus. Les agents provinciaux, actifs et audacieux, se montraient peu scrupuleux pour tourner les difficultés et confondre le privilège canonical. Ils s'installaient par la force; le chapitre n'avait plus que la ressource de s'adresser au parlement où les agents avaient de nombreux amis toujours prêts à leur être agréables et peu exigeants.

Notre histoire locale présente des quantités de luttes de ce genre. J'en citerai quelques-unes seulement qui précèdent, pendant le quatorzième siècle, les inventaires dont on verra le texte ci-dessous.

En 1333, à la mort de Durant Balaam, chanoine de Saint-Cyr, deux de ses parents, Durant du Four et Guillaume Balaam, tentent de s'emparer de la succession. L'affaire était alors encore plus compliquée que de coutume; il y avait un procès pendant au parlement entre le comte de Nevers et le chapitre relativement à ce droit; ses officiers étaient tenus d'attendre la fin des débats. Les lettres patentes transmettant la plainte au parlement sont du 31 mars 1333, d'autres actes chargent le bailli de Bourges de suivre le cours de ce procès pour le comte de Nevers... alors mineur (de 1345 à 1350). Les parents ci-dessus parviennent à gagner Pierre de la Durère, lieutenant du prévôt royal de Saint-Pierre-le-Moûtier, lequel, à leur instance et requête, établit deux sergents, Thomas Mercier et Philippe de Narcy, qui gaspillent et dissipent si bien les revenus du chanoine que le chapitre s'adresse au roi et obtient de lui des lettres patentes chargeant le bailli de Bourges de surveiller cette affaire (1).

Voilà donc les officiers royaux, chargés de l'exécution et de la surveillance des lois, compromis eux-mêmes dans les abus justement imputés aux autorités provinciales.

---

(1) Bibliothèque nationale, *N. a. l.*, 2,299 n° 22.

Le parlement a dû donner gain de cause au chapitre quelques années après. En 1355, au décès du chanoine Guillaume de Veaulce, les choses paraissent être parfaitement au point et sans l'ombre de contestation. Son testament déposé puis ouvert régulièrement nomme quatre exécuteurs pris en dehors du chapitre, lesquels s'acquittent librement et sans contrôle, de l'estimation des biens, puis reçoivent du chapitre la quittance définitive (1). Quand ces actes sont accompagnés d'inventaires, ils sont réellement précieux. Ces inventaires assez rares pour le quatorzième siècle, offrent aussi un réel intérêt de curiosité, non au point de vue artistique comme les divers comptes de l'argenterie de l'hôtel du roi ou des grands seigneurs, mais à titre de renseignements sur la vie privée, l'existence, les goûts, les études, la richesse des personnages.

Il s'agit de deux humbles chanoines du chapitre de Saint-Cyr, sur le compte desquels nous n'avons aucun événement à signaler, parce que, vraisemblablement, ils ont passé leur vie, comme tant d'autres, à chanter les louanges de Dieu et des saints en assistant aux offices de l'église, et à toucher les maigres revenus qui les faisaient vivre.

Les formalités de l'inventaire sont exposées dans les préliminaires de l'acte ; elles sont exactement les mêmes pour les deux décès de 1373 et de 1382.

L'acte est dressé par Hugues ou Huguenin du Martelet, clerc commissaire royal, délégué spécialement, à cet effet, par le bailli de Saint-Pierre-le-Moûtier.

A cette occasion, deux noms de baillis sont indiqués, en 1373 Guillaume Auxeaul, en 1382 Jehan Saunier qui prend, en outre, le titre de « noble

(1) Bibl. Nat., N. a. l., 2,299, n° 37.

homme et saige, conseillier du Roy nostre Sire » et ajoute à son ancienne circonscription « les ressorts et exempcions de Berry et d'Auvergne ».

Les pouvoirs du clerc commissaire sont établis sur toute une série de pièces invoquées et citées par plusieurs vidimus successifs relatant l'autorisation d'inventorier à chaque décès : Lettres patentes de 1332, 1361, 1366, avec visa du parlement.

Le privilège du chapitre remontant beaucoup plus haut, on se bornait à mentionner les opérations précédentes, d'une trentaine d'années environ, plutôt qu'à rechercher l'acte de fondation.

Ordre était ensuite donné par le lieutenant-général Laurent Charbonnier aux quatre commissaires qui sont : en 1373, André et Hugues du Martelet, Jehan du Château, Theveneaul Ragoget ; et, en 1382, les mêmes sauf Guillaume Freppier qui remplace André du Martelet.

Le commissaire délégué est assisté dans ses expertises de deux agents subalternes : Soret Danguyen, sergent royal ; Pierre Giron, notaire apostolique ; et comme témoins, de Regnaut Fouat, Étienne de Chintry, chanoine, et Girart de Bourbon, chapelain du défunt, gardien de la maison et des meubles, exécuteurs testamentaires.

Le commissaire entre dans la maison, s'empare des clefs, pose en signe de prise de possession, le pannonceau royal, dans un endroit visible et apparent, puis on commence l'inventaire du mobilier.

Avec de telles précautions et en présence d'autant de témoins, les garanties de régularité devaient être sérieuses.

L'inventaire du 2 décembre 1373 concerne M° Jehan de Bourbon, chanoine ordinaire, récemment passé de vie à trépas.

La maison du chanoine se composait d'une chambre dite chapelle où se trouvaient divers meubles, de plusieurs chambres hautes et basses, cuisine, cave, cellier, grenier, le tout d'ailleurs, à en juger par l'inventaire, dans les conditions les plus modestes. Il y avait pourtant un certain confort en raison de l'abondance des étoffes de literie, du grand nombre des fourrures et de la qualité des vêtements, mais tout était mal ordonné, jeté au hasard et pêle-mêle dans la maison. Au moment de l'inventaire, les choses, ni rangées, ni classées, ont dû être laissées à leur place même, dispersées dans les pièces où elles se trouvaient pour l'usage, literie, meubles, linges, provisions, ustensiles de cuisine ou objets de service, le tout mélangé avec un désordre indiquant l'absence de vie intérieure et régulière qui d'ailleurs n'existait nulle part à cette époque.

Afin d'abréger la lecture un peu fastidieuse de tous ces objets, je résume le texte autant que possible sans trop changer la physionomie de l'inventaire (1) :

1. — En la chambre de la chapelle fut trouvé un lit garni de coute ou matelas, coussin, draps de lit appelés linceuls, couverture fourrée de connins, oreillers de plume, des arches à couvercle, dans l'une desquelles il y avait des lettres ; des toilettes ou serviettes à mains, et comme vêtements personnels neuf manteaux ; puis quelques objets indiquant la qualité et situation du défunt : deux vêtements à prêtre ou ornements sacerdotaux, un calice et un missel à deux fermoirs d'argent, appartenant à l'autel Saint-Léger de la cathédrale. On porte encore une corne de cerf, une selle à chevaucher et une malle pour les voyages, un banc et une chaise.

(1) Les numéros marqués ici permettront de se reporter à l'article correspondant du texte qu'on trouvera ci-après.

2. — Dans la chambre du chanoine fut trouvé un lit garni de ses coutes, coussins, draps, couvertures de serge vermeille, oreillers et divers meubles un peu plus soignés, comme banc tourné, trois tables, buffet, chaises et formes, sorte de fauteuil avec dossier.

3. — Dans la pièce appelée Boutellerie, on porte des coutes, coussins de plume, couverture doublée de fourrures, une quantité de froment, puis divers objets, corbeille, boisseau, aserine ou hachette, des carreaux d'étoffes ou petits tapis, enfin dans une arche plate ferrée, c'est-à-dire plus solide que les autres « XVIII livres, 2 papiers et une sarpe ». L'inventaire ne donne pas le détail de ces livres qui devaient être des ouvrages à l'usage du chanoine ; c'est avec les lettres mentionnées plus haut, les seuls objets annonçant le travail intellectuel du défunt.

4. — En la pièce dite étude ou cabinet de travail on retrouve encore une arche contenant neuf livres, toujours sans indication de détail, une chaise d'étude ou fauteuil de bureau, une roe, dont nous ne nous expliquons pas le sens, un garde-manger en cuir, puis des armes et vêtements tels que : cotes hardies doublées d'agneau et de vair, cote hardie simple, malecote, gisarme ; housses et couvertures, chaperons, chape, aumuce, camail, fourrés d'agneau, de vair et de renard.

5. — Dans les loges ou greniers, on trouve des arches, formes, tables, bancs et encore divers objets de literie.

6. — Dans les chambres basses, on trouve toute sorte d'objets disparates : corne de cerf pendue à une chaîne de fer, laquelle comme l'autre déjà portée plus haut, devait être un motif d'ornement (1) ; bassins, chaudières, chaudrons en cuivre, bassins à barbier et à mains en airain, landiers, rôtisseurs, pelles et tenailles en fer,

---

(1) C'était aussi un préservatif contre certaines maladies.

puis toute la vaisselle d'étain, plateaux, écuelles, quartes, pintes, pots et aiguières, pot à moutarde, etc. ; il n'y a pas de mention de vaisselle de bois, en usage dans les familles pauvres, ni des objets d'office comme couteaux et fourchettes, cependant les garnitures d'étain sont complétées par 1 aiguière, 6 tasses et 12 cuillères d'argent, dont on devait se servir dans les solennités.

7. — A la cuisine, on trouve des trépieds, landiers, lèchefritte et une arche ; à côté, une chambre avec lit et literie.

Dans la cave et le cellier, 3 quarteaux de froment, de l'orge et de l'avoine, du lard, du foin, du bois de chauffage, un tonneau de vin vieux et sept tonneaux de vin, du verjus et de la piquette dite « mourez » pour l'ordinaire des gens de service. Le cellier contenait encore tout l'attirail de la vendange, cuve à remplir et cuve à transporter, nombreux tonneaux et tonnes vides, benneraux, hottes, vans, cercles, entonnoirs, etc.

La présence de ces marchandises en telle quantité dans la maison de ville d'un chanoine, à Nevers, est bien faite pour étonner. N'oublions pas cependant que les chanoines touchaient leurs revenus en nature à Parigny, aux Montapins, dans les alentours de Nevers, et qu'ils entassaient tout chez eux, grains, vins, fruits, foins et bois pour s'en défaire ensuite au mieux et en tirer quelque argent.

C'est aussi le signe de la simplicité de la vie d'alors où l'argent manquant, on était heureux d'assurer son existence matérielle en accumulant les provisions de bouche.

La liste se termine par la déclaration du contenu de la bourse du bon chanoine Jean de Bourbon, qui n'était pas lourde, d'après cette phrase : « Item fust trouvé en sache v frans et iiii blans en monoy et v sols en mailles et en deniers ».

La besogne ainsi achevée, le Chapitre se réunit trois jours après le 5 décembre, dans sa salle des séances et en présence des exécuteurs testamentaires accepta la « récréance » de la succession de leur cochanoine en recevant des mains du commissaire le texte de l'inventaire et les clefs de l'hôtel.

L'autre inventaire, dressé dans les mêmes conditions et par les mêmes officiers, concerne Guillaume de Vrige, chanoine, décédé dans les premiers jours d'août 1382. Ainsi que de son prédécesseur Jean de Bourbon nous n'avons aucun détail sur sa vie. Nous savons toutefois qu'il remplit l'importante fonction d'official.

Le 3 avril, en 1354, il est choisi comme arbitre, en qualité d'official, par l'évêque Bertrand de Colombiers, dans le règlement d'une contestation avec le chapitre (1).

Les chartres d'officialité ne portant plus, au quatorzième siècle, le nom du dignitaire, il est difficile de se rendre compte de la durée de sa gestion, mais tout porte à croire qu'il occupa longtemps ces hautes fonctions, entre l'année 1354 et l'année 1382, date de sa mort. L'inventaire le mentionnant simplement comme chanoine, il y a lieu de supposer qu'il avait résigné sa charge; mais, d'autre part, la possession d'une bibliothèque de livres de droit indique suffisamment que Guillaume de Vrige était un chanoine légiste. La nature et le nombre des meubles et des provisions, les vêtements, les bourses et les sommes en deniers, la bibliothèque et l'indication de la valeur d'estimation de ces diverses choses constituent un ensemble complet et curieux.

(1) Bibl. Nat., *Nouv. acq. lat.*, 2,299, n° 34.

1. — Au début de l'inventaire se trouvent les objets d'usage commun.

Dans le cellier, quatre charretées de bois, des tonneaux contenant quatre quarteaux d'avoine.

Dans la chambre de la chambrière un chaudron de cuivre.

Pour Jean de Bourbon, le commissaire s'était borné à consigner les objets sans attribuer aucune valeur estimative. Ici, pour Guillaume de Vrige la plupart des objets sont estimés en chiffres de monnaie, ce qui donne un intérêt particulier à certains instruments et surtout aux livres.

2. — Dans les loges de l'hôtel, des tonneaux et des benneraux. Dans la buverie, au-dessus de la cave, divers objets, cercles, arches, corbeilles, saloirs, entonnoirs.

Dans la cave, six tonneaux pleins de vin vieux, non estimés, ce qui eut été utile à connaître ; des chaudières grandes et petites en fer et en cuivre, bassins à barbier et à mains, pelles et landiers de fer. Puis tous les ustensiles de cuisine en étain, quartes, pintes, chopines, aiguières, tamaies ou grandes bassines avec anse, sauniers, écuelles, plateaux, plats, etc. L'étain était estimé l'un dans l'autre 2 sols la livre, chaque objet était porté pour son poids et en raison de la grande quantité de ces ustensiles, il devait y en avoir pour un chiffre assez élevé.

3. — Dans la cuisine on trouve une provision de 6 quarteaux de noix, du bois de chauffage et quelques meubles, arche, formes et tables ; dans le cellier, un pressoir à vis et des queues ou tonneaux ; dans une chambre, literie complète avec coute, coussins et plusieurs couvertures ; dans les greniers des mines de sel, plusieurs bassins, 10 quarteaux de froment, 30 quarteaux de seigle, 10 d'orge, 25 d'avoine et 2 de fèves, un quartier de lard. Plusieurs meubles et objets,

vans, boisseaux, acerines, buffets, chaises, formes, landiers et un banc tourné.

Dans la pièce dite chapelle, on trouve 20 quarteaux d'orge. Dans une chambre, garniture complète de lit avec deux buffets et deux écrins ou valises.

4. — Dans la garde-robe il y a des quarreaux d'étoffes et plusieurs arches ferrées pour contenir des vêtements. Parmi les effets on trouve des chapperons doublés de fourrures, un corset, des housses garnies de fourrures, des malecotes et des blanchets, un camail et une chappe. Ces objets ont été donnés pour la plupart au clerc et aux autres serviteurs.

5. — Un article porte « robe de cardinal entière et forée, la ouce de gros vers, la malecote d'esconeux ardens et le chapperon foré de menu ver, donnée à valoire et de livrée ». Ne s'agit-il pas ici de la soutane rouge avec tous ses accessoires que les chanoines de Saint-Cyr ont eu l'usage de porter aux grandes fêtes de l'année ? (1).

6. — Pour terminer les effets et étoffes (2) nous trouvons encore plus loin la mention de dix manteaux variant pour la valeur de 2 à 20 sols et pour la taille de 3 à 5 aunes. C'était évidemment le vêtement le plus usuel à porter beau ou défraîchi selon les circonstances.

Enfin des touailles ou serviettes de toilette, des couvre-chefs, oreillers, linceuls ou draps de lit et couvertures.

7. — Parmi les objets précieux (3) on trouve des couteaux à manche de brésil (4) ou bois des îles ; des

(1) La tradition fait remonter cet usage à la présence du Pape Clément V, à Nevers, en 1305. (Bulletin, t. III, p. 269.)
(2) A la fin du 2º texte nº 9.
(3) Nºs 7 et 8 du même texte.
(4) Le brésil était un bois dur et fin, en usage pour les manches de couteaux, dans les inventaires du Moyen-âge. Les Portugais donnèrent ce nom au pays d'Amérique qu'ils découvrirent plus tard au XVIº siècle.

couteaux à manche d'ivoire blanc et virole d'argent, avec leurs gaines, puis toute une série de bourses contenant des monnaies, cachées en différents endroits, qui au total devaient constituer une somme assez ronde.

Un sachet contenant 233 livres, une atarge ou bourse de maille, emmurée dans la cheminée contenant 220 florins de Florence, 19 moutons, 21 agneaux, 23 fr. Une autre bourse, également cachée dans le mur, contenant 231 gros tournois à l'effigie de Philippe et 38 petites monnaies dites « parpilleules ». Dans une autre bourse, 197 fr., 3 moutons et 1 réal, plus 229 gros tournois et 16 parpilleules.

Cet argent était dans le bureau appelé étude, où se trouvait la bibliothèque. Dans la garde-robe on découvrit encore des petites sommes, 20 sols d'un côté et 30 sols de l'autre.

L'entassement et les cachettes de ces monnaies de diverses provenances est un signe de ces temps troublés et peu sûrs où toutes les ressources manquaient. Notre official avait dû les recevoir dans le cours de sa vie entière et vivant sur ses redevances en nature, il les gardait sans presque y toucher, comme ses meubles et ses livres.

La bibliothèque se compose de vingt-six ouvrages de droit civil et de droit canonique dont Guillaume de Vrige avait le plus couramment besoin dans les jugements et les études juridiques de sa longue carrière d'official (1). Il y a quelques volumes traitant de théologie et d'écriture-sainte, mais l'histoire, la littérature et les poèmes font totalement défaut.

On connaît plusieurs catalogues de bibliothèques semblables pour le quatorzième siècle, assurément

---

(1) Voyez ci-dessous, dans le texte de l'inventaire, les titres et les notes de chaque ouvrage.

beaucoup plus étendues, beaucoup plus riches que celle de notre modeste chanoine, néanmoins celle-ci est fort curieuse en elle-même et joint à l'attrait régional qui nous y intéresse l'utilité de la comparer aux autres collections qui lui sont supérieures et qui montrent la composition des ouvrages de science juridique alors à la portée d'un légiste dans l'exercice de ses fonctions.

Les annotations que l'on trouvera ci-dessous dans le texte à chacun des ouvrages de Guillaume de Vrige sont empruntées à la bibliothèque de Robert Le Coq, évêque de Laon, avocat de Philippe VI et plus tard partisan de Charles-le-Mauvais. Il fut relégué dans son diocèse après la confiscation de tous ses biens et principalement de sa riche bibliothèque évaluée à 354 livres ou environ 28,000 fr. de notre monnaie actuelle. La saisie, faite en 1366, est assez rapprochée de la mort de Guillaume de Vrige en 1382, pour permettre de comparer entre eux les ouvrages (1).

Il y avait encore dans la chambre un missel avec lettres onciales et aux pieds du lit, dans un coffre, deux livres de logique.

Ces ouvrages sont une bien faible partie des nombreuses gloses des juristes et canonistes du moyen-âge; ils constatent cependant que l'official Guillaume de Vrige était un lettré de l'époque. Ses livres, dont quelques-uns s'élevaient à un certain prix, et les sommes de monnaies qu'il a laissées d'autre part, indiquent une aisance relative, surtout en comparaison du chanoine ordinaire Jean de Bourbon, mort neuf ans avant lui en laissant seulement ses hardes et quelques meubles.

(1) La bibliothèque de Robert Le Coq a été publiée dans la *Nouvelle revue historique de droit français et étranger*, par M. Delachanal, en 1887.

Ses biens furent remis au chapitre en séance solennelle selon l'usage, et rien n'annonce qu'il y ait eu dans cette transmission la moindre difficulté.

Cependant, peu d'années après, en 1388, les compétitions recommencèrent de la part des agents provinciaux, profitant du désordre causé dans le comté de Nevers par l'administration embrouillée du duc de Bourgogne.

Trois chanoines de Saint-Cyr, maîtres Regnaut Fouat, Guillaume de Brinon et Symon de Clugny, l'un des sept prêtres, étaient morts depuis longtemps. Les sergents royaux avaient été désignés pour les opérations d'inventaire et, pendant plus d'un an, dix officiers cités par leurs noms, suivis d'un grand nombre de complices, s'étaient emparés par la force des biens des décédés. Les lettres patentes du 12 juillet 1388 (1) décrivent tout au long les excès et violences commises au nom du duc de Bourgogne, oncle du roi, qu'il était pourtant très utile de ménager. L'affaire fut portée à nouveau devant le parlement et il y a lieu de croire qu'elle fut jugée en faveur du chapitre.

## INVENTAIRE

DU MOBILIER DE LA MAISON DE JEAN DE BOURBON, CHANOINE DE SAINT-CYR, LE 2 DÉCEMBRE 1373.

L'an de grâce mil troys cens sexante et treize, le penultiesme jour de novembre, Je, Hugues du Martelet, clerc... de Guillaume Auxeaul, bailli de Saint-Pierre-le-Moustier. — Lettres patentes adressées au bailli et a ses quatre commissaires André Martelet, Hugues Martelet, Jehan du Chateaul, et Theveneaul Ragoget : Karolus... vidimus in hec verba : Philippus... in regali

---

(1) Bibl. Nat., *Nouv. acq. lat.*, 2,299, n° 55.

curia lis mota est super saisinam bonorum mobilium canonicorum Nivernensium septempresbyterorum (1) ecclesie Nivernensis clericorumque suorum et aliorum beneficiatorum in ipsa ecclesia mortuorum... mandamus ut per manum nostram superiorem custodiam facias de rebus et bonis predictis. Datum in parlamento... anno M° CCC° tricesimo secundo. — Mandamus ut secundum formam litterarum facias... datum in parlamento VII die Augusti anno M° CCC° sexagesimo primo. — Mandamus ad supplicationem decani et capituli tanquam ad superiorem custodiam... XVIII junii anno M° CCC° sexagesimo sexto. — Mandons le mesme pouvoir au moys de juillet mil CCC sexante et treze.

Par vertu desqueles lettres dessus transcriptes et à l'instance et requeste de honorables et discretes personnes les doyen et chapitre de l'église de Nevers nommez en icelles me suiz transportez à l'ostel desdiz doyen et chapitre où qu'il avoit demoré feu maistre Jehan de Borbon, chanoine de ladite église par le temps qu'il vivoit, qui lors frechement y estoit alez de vie à trepassement, le jour dessus dit, appelé avecques moy Soret Danguyen, sergent du Roy N. S., Pierre Giron, demorant à Nevers, notaire apostolique, M° Regnaut Fouat, sire Estienne de Chintry, chanoine, et sire Girart de Bourbon, chapelain dudit feu chanoine et plusieurs autres pour garder de par le Roy, nostre sire et par sa main comme souveraine, les biens meubles demorez par le decez dudit feu chanoine de ladite esglise et ledit hostel aussi où il estoit trespassez. Et pour accomplir ce qu'il m'estoit mandé et commis selon la teneur desdites lettres, si antray dedans ledit

---

(1) Au chapitre de Saint-Cyr il y avait sept prêtres jouissant de privilèges distincts et venant après les chanoines.

hostel et prins et saisis les clefs d'icellui et lesdiz biens meubles dudit feu chanoine de par le Roy N. S. et la garde d'iceulx, et en signe de ce fis en telle instance mettre et apposer publiquement par ledit sergent un penonceaul reaul sus l'antrée dudit hostel evident et apparissans. Et après ce le secon jour du moys de decembre fis inventoire de touz les diz biens meubles dudit feu chanoine que je pous trover ne savoir, tel qu'il s'ensuit :

1. — 1º Fust trové en la chapelle sur la porte un lit garni de coeste, cossin, II linceulx et I covertour vert forré de conins et I petit oriller, lesqueles choses sire Girart dist estre sien. Item II arches plates l'une grans et l'autre petite dont en l'une n'avoit riens et en l'autre avoit des lettres.

Item une arche à fest (1) en laquelle avoit IX mantos.

It. IX toilletes à mains.

It. IX linceulx que ledit sire Girart dist estre sien.

It. II vestimenz à prestre, I calice et I messel à II fremaulx de argent, lesquels vestimenz, calice et messel l'on dit estre de l'autier (autel) saint Liger.

It. une corne de cerf et un ben (banc).

It. une selo à chevaucher et une male.

It. une chere et I cossin de plume chetif.

2. — It. En la chambre dudit feu chanoine fust trové I lit garni de coeste, cossin, II linceulx et une serge vermaille et les cortines d'envoiron.

It. une petite arche ferrée au piez du lit et VII linceulx dedans.

It. trois orillers ouvrez.

It. II chenez et un trefeu (2) de fer.

(1) Faîte, couvercle.
(2) Trépied.

It. I banc torneiz et III tables.

It. II peres de treteaulx et II formes (stalle avec dais et dossier).

It. II cheres et I buffet. It. I tonnelet.

3. — It. fust trové en la boutellerie II coetes et I cossin de plume.

It. I covertour jaulne forré de conins.

It. une quantité de froumant. It. une ascrine (1) de fer, une corbaille et un boissaul ferré.

It. une arche plate ferrée où il avoit XVIII livres, II papiers et une sarpe.

4. — It. VI petis quarreaulx. Item fust trové en l'estude une roc avesque la chere de l'estude.

It. ung garde manger de cuir ferré.

It. une arche plate en laquelle avoit IX livres.

It. I covertour roge forré de conins.

It. une serge et un marchepié vert.

It. une ouce forrée de gros ver.

It. une cote ardie toute neuve. It. deux manteaulx fourrez de aignaus noirs.

It. une cote ardie forrée de chetit ver.

It. une cote single. It. une malecote et chaperon forrez de aignaulz noirs.

It. IIII chaperons, l'un forré de gros vers, un double de II draps et II singles.

It. une chape, une aumuce et un camail.

It. I blanchet (drap blanc) forré de renarz.

It. une gisarme.

5. — It. fust trové ès loiges II formes et une table peinte.

It. un charner (carnier) et un banc à drecier.

It. fust trové en la chambre basse costé desdites

(1) Acerine, sorte de hache.

loges II arches à fest don en l'une avoit pou de orge et l'autre riens.

It. I arche plate.

It. II coestes II cossins I chetit covertour forré, une chetive coeste pointe, I chetit tapiz et II linceulx.

It. II benvereaulx de vergut et I morter bueret.

6. — It. en la chambre après, I auteffou, une corne de cerf pendue à chainnes de fer et environ demie charretée de foin.

It. en la chambre basse fust trové II coetes et II cossins.

It. I cheneteaul et I dosser.

It. II formes, une table et une chere.

It. II arches plates don il y avoit en l'une 1 pou de potaige et en l'autre de l'orge.

It. II grans bacins à II aneaulx.

It. II greys et I crochet de fer.

It. une petite chaudère à II aneaulx.

It. IIII pelles d'arin que grans que petites.

It. v chauderons de coeuvre que grans que petis.

It. un bacin à barbier. It. II peeles de fer et une coloere d'arin.

It. II bacins à mains et I chauffeur.

It. troys enders (1), I rotisseur et unes tenalles de fer.

It. x plateaulx d'estain que grans que petis et XXIX escuelles d'estain.

It. III quartes d'estain. It. II autres quartes d'estain.

It. IIII pintes et II aiguières d'estain.

It. I pot d'estain à motarde.

It. fust trové en la sale dessus la cave environ III quarteaux froment.

It. environ v quartes de larc.

(1) Andiers, landiers, chenets.

It. xxx dozenes de cecles et ɪ buffet. It. une arche plate où il n'avoit riens.

It. en ladite cave en ɪɪ tonneaulx, envoiron ɪ tonneaul de vin viez.

It. fust trové en la grange d'arres (1) une grant arche à metre blez.

It. v tonneauls vuis et un tas de buche.

7. — It. fust trové en la cosine une arche.

It. ɪɪ trepiers et ɪ ander de fer.

It. une chetive lechefray.

It. en la chambre de costé fust trové ɪ lit garni de coeste, cossin et deux linceulx.

It. fust trouvé ou celier dudit feu chanoine vɪɪ tonneauls de vin et vɪ bennereaulx.

It. ɪɪ cupes à mettre vendenge et une cupe charroere.

It. une grant tone où il avoit de l'avoyne.

It. ɪɪ mourez de despanse (2).

It. à l'antrée dudit celier ɪɪ benereaulx vuis.

It. ɪɪ otes (hottes), ɪ vent et ɪ grant antonneur.

It. vɪ tasses et xɪɪ quillers d'argent.

It. une petite aiguère d'argent.

It. fust trouvé en sache v frans et ɪɪɪɪ blans en monoy et v sols en mailles et en deniers.

Et ce fait, les diz doyen et chapitre me requistrent que selon la forme et teneur desdictes lettres je leur feisse recreance d'iceulx biens et choses dessusdites. Pour quoy le vᵉ jour dudit mois de decembre ledit chapitre assemblé en ladite église au leu accoustumé de tenir leur chapitre, et aussi il estoient sire Estienne de Cheintry, chanoine, sire Vincent, curé de Saint-Pére en ville, et sire Girart culx portans executeurs

---

(1) Derrière.
(2) Mourez, moré, sorte de boisson faite d'eau de miel (dict. de Godefroy). Despense, dans Sainte-Palaye, a le sens de piquette, breuvage de dépense.

du testament dudit feu chanoine. Et lors je en accomplissant ce qu'il m'estoit mandé et commis par lesdites lettres et selonc la teneur d'icelles, baillay et delivray audit chapitre les diz biens meubles et les choses dessusdites pour la tradition d'icelles dudit inventoire et des clefs dudit hostel. En tesmoing de laquelle chose j'ay mis en ces presentes lettres mon sing manuel et mon scel du quel j'ay accoustumé de user.

Donné l'an et jour dessus diz. — MARTELET.

(Bibliothèque nationale, *Nouv. acquisitions latines*, 2299, n° 43.)

---

## INVENTAIRE

#### DU MOBILIER, VÊTEMENTS, MONNAIES ET BIBLIOTHÈQUE DE GUILLAUME DE VRIGE, CHANOINE DE SAINT-CYR ET OFFICIAL, LE 11 AOUT 1382.

L'an de grace mil trois cens quatre vins et deux, le x$^e$ jour d'aost, Je, Huguenin du Martelet, clerc commissaire en ceste partie de par le Roy nostre sire, mandé de honneste homme et saige Laurent Charbonnier, general lieutenant de noble homme et saige Jehan Saunier, conseillier du Roy nostre sire et son bailli de Saint-Pierre-le-Moustier, des ressorts et exempcions de Berry et d'Auvergne. — Lettres de Laurent Charbonnier aux 4 commissaires Guillaume Freppier, Jehan de Chasteau, Huguenin du Martelet et Theveneaul Ragoiget. — Lettres patentes de Charles VI vidimant celles de Charles V, Jean II au bailli de Sens, Philippe VI au bailli de Bourges, concernant le procès devant le Parlement qui accordait aux sept prestres chanoines de l'église de Nevers et leurs clercs d'estre sous la garde du roy et d'inventorier directement leurs biens, meubles et objets du 18 juin 1366 et 31 mai 1381; ordre ci-dessus par Laurent Charbonnier du x° jour d'août 1382. — Par vertu desquelles lettres, assisté de Soret Danguien et Pierre Giron (texte conforme au précédent). Et après ce, le xi° jour dudit moys et ès jours ensuivans fiz inventoire de touz lesdis biens meubles dudit feu chanoine Guillaume de Vrige que je peuz trover ne savoir, tel qui s'ensuit :

1° Fust trouvé en l'ostel dudit feu messire Guillaume (de Vrige), près de la porte une charretée de bois ou environ.

1. — Item ung tonneaul viant contenant mui et demi.

It. fust trouvé ou celier près de la porte environ iiii charretées de beuche.

It. une eschale en l'alée de l'ostel.

It. en la chambre où git la chambrière ung chauderon de coevre.

It. deux tonneaux où il li a environ x quarteaux avoine, une chetive arche.

It. en la chambre costé la court ii lis garnis de coete coiffin et ii chetives covertures, la meilleure prisé iii frans et l'autre ii frans.

It. une arche plate.

2. — It. Es loges de l'ostel xviii tonneaux de moison et viii bennereaulx prisez iiii livres.

It. en la beuverie dessus la cave xxvi dozenes de cercles, une arche plate, ii corbailles.

It. iii cuauls, une saloere, deux anthoneurs, ung grant et ung petit.

It. en la cave vi tonneaux de vin plains et sont viez.

It. deux grans chaudières prisées l'une xx sols et l'autre xv sols.

It. une petite chaudière prisée iiii grains.

It. iii chaudières de coevre prisées iiii livres avec le

bacin à barbier et le chauderon qui est en la chambre de la Boaise (1).

It. III bacins à main et une chausoere (2) prisée L sols.

It. ung bacin à barbier. It. deux chetives paelles de fer prisées v sols.

It. une père de andiers de fer prisés xv sols.

It. v quartes d'estain, IIII quarrées, une ronde pesant XVIII livres prisées la livre II sols.

It. III pintes d'estin et ung tiers de III chopines et II aiguières d'estain pesanz xv livres prisées la livre II sols.

It. une tamaie(3) quarrée à ense et ung seaul pesant VII livres prisées la livre II sols.

It. une autre quarrée à ense de cinq chopines pesant v livres prisés la livre II sols.

It. une autre quarrée à ensse de II pintes pesant v livres prisés la livre II sols.

It. III sauniers d'estain, une tamaie ronde et une chetive chopine, les petites escuelles et pluseurs autres escuelles et plateaulx d'estain despecez pesant XXXI livres III quarts prisés la livre xx deniers.

It. III chandeliers de fer.

It. II dozenes et demie d'escuelles d'estin pesanz XXVI livres prisées la livre II sols.

It. XXIII petites escuelles pesanz x livres.

It. IIII grans plaz d'estain et VIII petis pesanz, les VIII, XII livres et les grans pesant XI livres.

It. ung greil de fer.

3. — It. en l'alée costé la cosine III grans arches à

---

(1) La Boaise doit être le nom de la servante ; il reparait plus bas à propos d'objets qui lui sont réservés.
(2) Chausoir, entrave ?
(3) Grande bassine.

fest, don il li a en l'une envoiron vi quarteaux de noiz.

It. environ iii charretées de boys.

It. en la cosine une arche à fest, deux formes, une table.

It. au cellier ung pressour à viz et iii cues (1) prisées les cues iiii livres x sols.

It. en la chambre devant sur la rue, ii lis garnis de coetes, ii coisins, et iii covertures la meilleure prisé vii frans avec la coverture et l'autre iii frans avec la coverture.

It. en l'alée costé les greniers ung cheti charner.

It. ung tonnelet, environ iii mines de sel.

It. ii chetifs bacinez... et ung gantelez (2)...

It. es greniers environ x quarteaux froment.

It. environ xxx quarteaux de seigle et de orge environ x quarteaux et d'avoine environ xxv quarteaux, de feuves ii quarteaux.

It. ung quartier de lart.

It. i venc, i garsaut et i boisseau et une acerine de fer.

It. en la sale ung banc tourneiz prisé xii sols, iii formes prisées iiii sols et une père de [linceulx]... (tache),.. et ung buffet ii sols vi deniers, une père de andiers, une chère prisée xx deniers.

It. en la chappelle xx quarteaux orge.

It. en la chambre i lit garni de coete, coisin, de corte pointe et d'un corteur prisé viii frans.

It. ung chetif autel et un dosier, nichil.

It. deux buffez, nichil, ii escrins au piez du lit prisés x sols et une chère xx deniers.

4. — It. en la garde robe vi quarreaulx prisés x sols,

---

(1) Queues, tonneaux.
(2) Tache d'encre dans le manuscrit.

unes tenailles de fer et ung treffeu v sols, une chère prisée xx den., iii arches plates, deux grans et une petite et sont seellées, prisées la grant ferrée xx sols, l'autre grant x sols et l'autre petite iii sols.

5. — It. la robe du cardinal entière et forée, la ouce de gros vers, la malecote d'esconeux ardens et le chapperon forrée de menu ver, donnée à valoire et de livrée.

It. i autre chetif chapperon forré de menuz vers donné et baillé au Rousseaul.

It. i chetif corset et une ouce sur more (1) forrée de chetive pane de gros vers, donné et baillé à Sebille sa niepce.

It. deux ouces de drap dipré (2) forrée d'aignaux noir... a l'une et La Boaisse l'autre.

It. deux malecotes et deux chapperons forrés d'aignaux noirs, ii quotes singles, sa niepce a l'une et La Boasse l'autre ; ii blanchets, i bon et i chetif.

It. i fau camail donné et baillé à Guillaume qui fut son clerc avec les ii blanchets et son mantel.

It. la chape dudit feu chanoine baillée et donnée audit Guillaume pour dire xx saultiers.

6. — It. en l'estude dudit chanoine fut trouvé les livres qui s'ensuivent :

1. It. une digeste viulle avecques les gloses ordinaires de la quelle la tierce (?) columbe ou treuté commencé en ceste manière et in hiis suis multis partibus etc., prisé viii frans (3).

2. It. une enconforçade (4) prisée vii livres.

(1) Peut-être jaune mordorée.
(2) Diapré ou d'ipres.
(3) C'est la première partie du *Digeste*, du livre I au titre ii du livre XXIV inclusivement. Il est estimé cent sols par. dans l'inventaire de Robert Le Coq où les gloses et le traité ne sont pas portés.
(4) L'*Enforsade* ou *Infortiat* est un ouvrage de droit romain placé entre les deux *Digestes* après le livre XXIV.

3. It. une digeste nove (1) prisée LX sols.

4. It. un code (2) prisé VII livres.

5. It. 1 petit volume (3) avec les gloses prisé III frans.

6. It. une somme de Eude de Sanz (4) sur les contrediz, X sols.

7. It. une somme d'Aze avec les brocars d'icellui Aze (5) prisé XXX sols.

8. It. le livre de Institution glosé (6), de petite valeur, prisé X sols.

9. It. 1 chetifs livre qui semble estre livre de autentiques, V sols.

10. It. 1 quaier qui comance incipit summa super libellis.

11. It. I sixesme avec les gloses de Jehan Lemoine (7), prisé XII livres.

12. It. 1 autre sixeme beles avec les gloses de Jehan

---

(1) C'est la fin du *Digeste* depuis le livre XXXIX. L'exemplaire de Robert Le Coq évidemment beaucoup plus beau était estimé VI livres X sols.

(2) C'est le *Code de Justinien* estimé XL. sols.

(3) Le *Parvum Volumen* ou, en français, *Petit Volume*, désigne la dernière partie du *Corpus juris*, divisé par les glosateurs en cinq volumes. Le *Digeste* formait les trois premiers volumes (*Digeste Vieil*, *Infortiat*, *Digeste Nove*). Le Code tout entier, moins les trois derniers livres, un quatrième volume. Et enfin le *Parvum Volumen* comprenait tout le reste du *Corpus juris* et les *Institutes* de Justinien, les dix *Collations* ou *Novelles* et divers textes de droit féodal désignés sous le nom de *Liber feudorum*.

(4) Eudes de Sens, jurisconsulte du quatorzième siècle, est l'auteur d'une somme intitulée : *S. de Judiciis possessoriis*.

(5) Azon ou Azzon, mort au plus tôt vers 1230, enseigna le droit à Bologne puis à Montpellier. Il est connu au moyen âge par ses gloses et ses sommes des *Institutes* et du Code. Il y en avait plusieurs exemplaires différents. Les *Brocars* ou *Brocarda* sont des *Disputationes* ou discussions sur un sujet de droit.

(6) Il s'agit évidemment d'un exemplaire spécial des *Institutes* déjà insérées dans le *Parvum Volumen*

(7) Jean Le Moine, plus connu comme cardinal Le Moine, fondateur de l'un des plus anciens collèges de Paris, a écrit un *Apparatus* sur le *Sexte* ou sixième. Il mourut le 22 août 1313.

Lemoine, avec les Extravagant (1) de Boniface, de Benoit et Clément, prisé c sols.

13. It. unes decretailles (2) avec ses gloses, prisé xii livres.

14. It. unes autres decretailles avec ses gloses, prisé vi livres.

15. It. le treuté de decret (3) sans glose, prisé xx sols.

16. It. un decret avec ses gloses, prisé viii livres.

17. It. un autre decret de petite valeur non complé, prisé 1 fran.

18. It. la letteure d'Ignocent (4) sur decretailles, prisé vi livres.

19. It. la letteure de Bernart Apostielin (5) sur decretailles, prisé x sols.

20. It. la somme de droit canon Monardi, prisé xxx sols.

21. It. la somme Remon (6) de grose lettre, prisé xv sols.

22. It. unes autres decretailles sanz glose, prisé xxx sols.

23. It. le teuté des iiii$^{tes}$ (quartes) santances [(7) prisé iiii gros.

---

(1) Les *Extravagantes* sont les *Décrétales* des Papes Boniface VIII et Benoit XI postérieurs à Clément V ; celles de ce Pape s'appellent les *Clémentines*. Le *Sexte* ou sixième livre des *Décrétales* a aussi été glosé par Jean d'André, célèbre canoniste, mort en 1348.

(2) Ce sont évidemment des exemplaires des nombreuses *Décrétales* des Papes.

(3) Dans les bibliothèques des légistes on trouve toujours plusieurs ivres intitulés *Décrets*.

(4) Innocent IV est l'auteur d'un *Apparat* ou commentaire sur les cinq livres des *Décrétales*.

(5) Deux canonistes au moyen âge sont connus sous le nom de Bernardus Compostellanus, l'un *antiquus*, l'autre *junior*, on désigne évidemment ici l'un de ces deux auteurs dont le nom a été tronqué par le copiste.

(6) Raymond de Penafort est un canoniste, auteur de divers ouvrages.

(7) Ce traité désigne évidemment l'ouvrage composé par le franciscain Jean de Galles sur les *Quatre livres des sentences* de Pierre Lombard.

24. It. 1 Mandagot (1) sur les eleccions, prisé iiii gros.

25. It. la somme de Geffroy Sanz (2) prisée ii gros.

26. It. inspecculum judiciable avec le repertorio Guillelmi Durandi (3), prisé x livres.

7. — Item fut trouvé sur sa tude en 1 sachet ii$^c$ xxxiii livres.

It. en une atarge maille qui estoit emmurée en la cheminée de ladicte estude xi$^{xx}$ florins de Florence xix motons desquelx les deux ne vallent chacun que 1 fran. It. xxi aignauls. It. xxiiii frans. Item en une autre atarge maille enmurée oudit lieu ii$^c$ xxxi gros tournois d'argent de Philippe et xxxviii parpilleules (4).

It. en une autre atarge maille enmurée desoubz la chère de l'atude ix$^{xx}$ xvii frans iii motons et i reaul.

It. ii$^c$ xxix gros tournois d'argent de Philippe et xvi prepilleules.

It. fut trouvé en l'une des arches plates de la garde robe en I gibacer qui estoit en une arche plate xx sols que sire Regnaut prist.

It. un messé noté avec plusieurs lettres non inventoriés.

It. en l'une des autres arches de la garde robe fut trouvé en ung sachet xxx sols.

---

(1) Guillaume de Mandagout, archevêque d'Embrun en 1295, d'Aix en 1305, fait cardinal-évêque de Preneste par Clément V en 1312, mort à Avignon en 1321, a composé divers ouvrages de droit canonique.

(2) Geoffroi de Trani, élève d'Azzon, puis professeur à Bologne, cardinal en 1245, mort la même année, a laissé une *Summa super rubricis Decretalium*, qui eut une grande vogue.

(3) Ces deux ouvrages assez fréquents étaient tantôt séparés tantôt réunis comme ici. C'est l'une des œuvres les plus estimées de la littérature juridique du moyen âge. Le répertoire contenait sous les différents titres des *Décrétales* un grand nombre de questions de droit résolues par les anciens canonistes.

(4) Parpaillole, monnaie.

8. — It. une pères de cousteaulx à manges de bresolim sanz virole en une gaine noire.

It. une autre père de cousteaulx à manges d'ivoire et virole d'argent l'une en maille et l'autre plaine.

It. II autres cousteaulx à manche d'ivoire bilanc en une gaine avec plusieurs lettres et autres choses non inventoriées.

It. en ung coffre au piez de son lit II livres de logique.

9. — It. I manto de IIII aulnes prisé XII sols, I manto de V aulnes XV sols, I autre manto de III aulnes et demie X sols, I manto de IIII aulnes prisé XX sols, I autre manto de V aulnes prisé XX sols, I autre manto de IIII aulnes XV sols.

It. un autre cheti manto prisé II sols VI deniers. I autre manto de III aulnes prisé VI sols, I autre pareil manto VI sols, I autre pareil manto prisé XI sols.

It. une toailles à mains de III aulnes, II sols.

It. une pièce de toailles de IX aulnes, XVIII sols, I autre pièce de VII aulnes prisé XI sols VIII deniers.

It. une pièce de IIII aulnes de chetiz covrechiez, a ciez, V sols.

It. III aulnes de covrechiez prisés IX sols.

It. II linceulx de III telles prisés XXV sols.

It. VIII linceulx chacun de deux telles, L sols.

It. IIII autres linceulx qui sont aux lis XX sols.

It. X autres linceux chetis prisés XXX sols.

It. II creuvechez prisés V sols.

It. III orillez prisés X sols.

It. ung cortour de drap jaune prisé XX sols.

Et ce fait, lesdis doyen et chapitre me requirent que selon la forme et teneur desdites lettres je leur feisse recreance d'iceux biens et choses dessusdits. Pour quoy le XX$^e$ jour dudit moys, ledit chapitre assemblé en ladicte église au lieu accoustumé de tenir leur chapitre. Et aussi y estoit mons⟨r⟩ l'arcediacre de Nevers sire Regnaut des Noiers, maistre Guillaume Compain et Estienne de Monz, chanoines, eux portanz executeurs du testament dudit feu chanoine. Et lors fis en accomplissant ce qui m'estoit mandé et commis par lesdites lettres et selon la teneur d'icelles baillay et delivray audit chapitre lesdiz biens meubles et les choses dessusdites par la tradicion d'icelles dudit inventoire et des clefs dudit hostel. En tesmoing de laquelle chose, j'ai mis en ces lettres mon sing manuel et mon seel du qués j'ay accostumé d'user.

(Bibliothèque nationale, *Nouvelles acquisitions latines*, 2,299, n⁰ 51).

84

www.ingramcontent.com/pod-product-compliance
Lightning Source LLC
Chambersburg PA
CBHW060721050426
42451CB00010B/1559